ama
sonha
e
voa

Outras publicações do autor:

à vila das flores – Vila Flor CAPITAL DO MUNDO

Poemas de Amor para Vila Flor

Castedo Minha Terra

Poesia Pau e Pedra

Rumo a Moçambique - UMA FAMÍLIA TRANSMONTANA

A Chave do Sucesso – A Força do Pensamento

– Os meandros do amor – Nas margens do rio – 1968

FICHA TÉCNICA

Título: Ama, sonha e voa
Direitos reservados: © 2016, Autor
Autor: Abílio da Ressurreição Aires
Edição: Autor
Impressão e acabamento: Tipografia Beira Alta, Lda. – Viseu
Depósito Legal: 408655/16
ISBN: 978-972-97615-1-5

Aos meus
familiares e amigos!

Para ti:

Ama, sonha e voa querida
Nunca te canses de sonhar
Porque o mais belo na vida
É amar, sonhar e voar!

<3

Se carinho nunca me faltar
Tanto quanto eu a ti te der
Enquanto no mundo andar
Eu morrerei feliz mulher.

Não há mulher que mereça
Do homem menos respeito
E que ele nunca se esqueça
Que já mamou no seu peito.

Que alegria, poderem dar
As mãos e irem passear
Ambos na estrada da vida

Ele procurar cuidar dela
E quando se dirige a ela
Tratá-la só por querida!

Pode o amor encerrar
Em si grande mistério
Mas amor, eu sei levar
Sempre o amor a sério.

Chega-te para aqui amor
Não fiques tão afastado
Eu abrasada em calor
E tu todo encasacado.

Amor, não te quero morto
Tira de cima do teu corpo
Essa carrada de roupa

Fecha os olhos deixa-te ir
Que lindo o teu sorrir
Achas que isto é ser louca?

Ouvir sons de letras
O silêncio dos beijos
Não será isso tretas?
E então os desejos?

Serão eles saciados
Da fome que sentem
Com sons murmurados
Daqueles que mentem?

Quem mente ao falar
Esquece que o olhar
Não o deixa mentir

E também se engana
Quem disser que ama
Se for amor a fingir!

Em vida para terminar
Tenho ainda, alguns projetos
Que não os posso enumerar
Em meia dúzia de versos.

Se a ti tos quiser contar
Por que ponta pegar não sei
Que ainda tenho para te dar
Muito do que não te dei.

Para que sejas sempre minha
Farei de ti uma rainha
Neste e no outro mundo

No outro não sei como vai ser
Mas neste mundo mulher
Por ti o meu sentir é profundo!

Nenhuma mulher quer ver
Nem mesmo à luz da candeia
Um homem que diz fazer
Filhos em mulher alheia.

Nem o homem quer mulher
Que faça o mesmo também
Que fuja com um qualquer
E deixe em casa o que tem.

Que façam um ao outro festas
Que limem se houver arestas
Que não venham a arranhar

Façam tudo o que for possível
Mesmo que pareça impossível
Levem a linda vida a amar!

É clara e simples a minha escrita
Para que todos possam entender
É pura e clara é como a água
Que ninguém deixa de beber.

É leve como leve é toda a pena
Eleva-se mais facilmente no ar
Quanto mais simples é o poema
Muito menos custa a interpretar.

Nunca dou o dito por não dito
O que no poema está escrito
É muito fácil de compreender

Sempre escrevi assim não mudo
E se eu não mudo é sobretudo
Porque assim gosto de escrever!

Mulher o teu nome
Que soa tão bem
Tu matas a fome
De quem nada tem.

Um homem nasceu
Pequenino e nu
Quem à luz o deu
Mulher, foste tu.

Com boas maneiras
O homem cresceu
As falas primeiras
De ti, as recebeu.

Um homem se fez
Pela vida fora
Agora é a tua vez
Vai está na hora.

Tardar um segundo
Não queiras vai já
Para ti o mundo
Conquistado está.

Não festejes mulher
No ano um só dia
Tu mereces mulher
Todo o ano alegria.

O homem se diz forte
Mas forte tu és
Mereces muita sorte
E o mundo a teus pés.

Se eu mais não te der
Como é o meu desejo
Para ti linda mulher
Um abraço e um beijo!

Feliz da mulher que se sente
Livre estando presa em casa
Festejando com seu amante
E de amor fica embriagada.

Felizes os dois se ébrios
De amor ao amor se entregam
Pela noite dentro e sóbrios
Ao raiar da aurora se levantam.

Feliz da mulher que ama e sinta
Que não se sente faminta
De um dia de liberdade

Que a liberdade chegue á mulher
Sempre que a mulher quiser
Sem amarras da sociedade!

Gosto e escrevo poesia
Porque ao escrever sorrio
O sorrir me traz alegria
Enche-me a alma de brio!

Ajuda-me dia após dia
Nas horas de solidão
Outrora pouco escrevia
Triste andava o coração.

Agora quando escrevo
E se escrevo o que devo
Este meu coração canta

Não há nada mais triste
Se é que a tristeza existe
Entalada na garganta!

Sonho que a vida comanda
Ao dormir e ao acordar
Nesse sonho ninguém manda
Mas sonha quem quer sonhar.

Quando o sono nos visita
Só se vai elevar no sonho
Quem tiver golpe de vista
E passar a noite sem sono.

Sê fabricante de sonhos
Se os sonhos forem risonhos
Tanto melhor será para ti

Lindos sonhos quem sonhou
E a seguir os trabalhou
Nunca no mundo pobre o vi!

Do teu sonho não te fartes
Faz dele um sonho breve
Divide-o em muitas partes
Torna-o simples e leve.

Eleva-te com ele e voa
No mundo de quem trabalha
Ninguém leva vida boa
Porque se a levar falha.

As oportunidades carecas
Só são pegadas de frente
Como não têm marrecas

Fogem à frente da gente
Quem o contrário pense
O que vai lucrar são tretas!

Encontra sucesso no amor
Acorda e sorri para ela
Aproxima-te da linda flor
E diz-lhe que ela é bela.

Se for uma flor de jardim
Oferece-lhe o teu sorriso
Para teres sorte é assim
Nada mais será preciso.

Podes arriscar-te a ver
Um novo e lindo alvorecer
Num jardim bem cuidado

Passeia nele e desfolha
As pétalas da linda rosa
Que serás recompensado!

Nunca te vendas barato
Não te vendas, quero dizer
Nunca dês parte de fraco
Procura sempre vencer.

Nunca vencerás se um dia
Não aprenderes a fazer
Não passará de fantasia
Todo o teu lindo querer.

Até no sorrir faz diferença
O sorrir de qualquer criança
Ao do adulto não se compara

O sorriso do adulto é duro
O de uma criança é tão puro
Como no adulto é coisa rara!

Na vida quem quer fazer
De nada irá adiantar
Se em primeiro lugar
Não avançar com o querer.

Depois poderá continuar
Para tal precisa poder
Onde se inclui o aprender
Para poder trabalhar.

Quando estiverem reunidas
Todas as condições devidas
Atreva-se a alto sonhar

Quem sonhar não conseguiu
Nunca lá em cima se viu
Lá no alto não se viu voar!

Deram em chamar-lhe ilha
À deliciosa fonte de prazer
É a mais doce maravilha
Mesmo sem ela ilha ser!

Se ilha fosse que mal havia?
Não era uma ilha qualquer
É onda de prazer e alegria
Que mais o homem quer?

Uma ilha ou um vulcão
Feita de costela de Adão
Ela não foi com certeza

Ficar o Adão sem costela
Para fazer coisa tão bela
Causa muita estranheza!

As barreiras que tem o sucesso
Se é que o sucesso barreiras tem
Terá se duvidares em excesso
Ou se te vangloriares também.

Podes achar que estou no gozo
Pelo que agora te estou a dizer
Se fores em excesso vaidoso
Verás o que te pode acontecer.

Se na vida fores um gabarola
Se deitares da boca para fora
O que pensas antes de realizar

Digo-te sem alguma ofensa
Que quem diz tudo o que pensa
Fazer, pode não o vir a começar!

Sou narrador de histórias
Histórias que ouço na rua
A história que eu te contar
Poderá ser igual à tua.

Amor nem tudo é verdade
Na boca de muita gente
Sabes bem que a realidade
Pode ser muito diferente.

Não acredites em tudo
Que te dizem e duvida
Do que os teus olhos veem

Muitos que voam bem alto
Muitas vezes em sobressalto
Mas em tudo eles não creem!

Escuta o que diz
A alma que fala
Um bom aprendiz
Escuta e cala.

Se para falares
Não está na hora
Se não escutares
O outro dá o fora.

Não fales quando
Deves estar calado.
A falar não aprendes

Interromper o amigo
É tempo perdido
Se nada ensinares!

Sonhar
É como voar
Quanto mais alto melhor!
A vida é bela e boa
Ama, sonha e voa
Que belo
É amar
Sonhar
E voar!

Quero-te ardentemente
Por saber que fazes bem
Ao meu espírito e à mente
E adoças a alma também.

Minha e de mais alguém
Que esteja disposto a ler
Sem que sejas de ninguém
Sê de quem sinta prazer.

Quer escrevendo ou lendo
Pode ser de vez em quando
Quer de noite quer de dia

Quem te der todo o valor
Colhe o delicioso sabor
Contido em ti, poesia!

Não quebres o teu silêncio
Para dizer o que não deves
Se não queres ficar calado
Fala sobre o que te atreves.

Deitar palavras ao vento
Sejam pesadas sejam leves
Solta-as em pensamento
Seja por momentos breves.

Um silêncio barulhento
Pode alguém incomodar
Silencia por um momento

Quando te pões a pensar
Deves dar tempo ao tempo
Fala quando deves falar!

Gosto de qualquer poesia
Que proporcione bem-estar
Tem que me acalmar a alma
E tem que dar para cantar.

Sinto à noite como é bela
Se nela penso espanto o sono
Viajo de braço dado com ela
Até terminar meu sonho.

Quem dorme com a poesia
E a carrega durante o dia
Ao peito sabe muito bem

Que ela serve de terapia
Porque toda a alma alivia
E trá-la alegre também!

Como é bom estar deitado
Ao lado de quem se ama
Quando se está acordado
Antes de dormir na cama.

Antes de ver o sono chegar
Pegar num belo livro e ler
Ter o prazer de o desfolhar
Ou subir ao trono e descer.

Acariciar os lindos poemas
Com a mão que está a jeito
Não se olvidar das penas

Das folhas do livro perfeito
Diferenças são às dezenas
Nenhuma peca por defeito!

Gostava imenso de poder
Cumprir todo o meu dever
Como não para de chover
Sentado fico a escrever.

Agarro na caneta e tento
Pôr no papel o que penso
Em forma de pensamento
Escrever versos ao vento

E como um bom aprendiz
Escrevo o que o vento diz
Tudo o que me vem dizer

Faça sol, vento ou chuva
E enquanto a chuva dura
Nunca deixo de escrever!

Faço a vontade ao vento
Agarro e vou escrevinhar
Sem hesitar um momento
Escrevo tudo que pensar.

Ao vento faço a vontade
Sentado e de alma ferida
Para não faltar à verdade
É a chuva que me obriga.

Não vi que estava a mentir
Que é melhor do que fingir
Dizer que é o que não é

A verdade mais verdadeira
Com esta chuva não há feira
Não vou arredar daqui pé!

Já ninguém quer festejar
Se a dobradiça enferruja
Sempre que a dita-cuja
Se recusa a funcionar.

Mem limando as arestas
Da cepa torta não sai
Já nem fazendo lhe festas
Ao convívio ela já vai.

Rezai pela rica alma dela
Daquela que antes foi bela
E foi muito bem-mandada

Hoje sem se saber porquê
Funciona mal e já se vê
Andar de cabeça virada!

Olhando para trás vejo
Um rosto alegre e corado
Outrora o mais desejado
Como com ardor desejo.

Um beijo de despedida
Levava-o no coração
Quando fervia a paixão
Mais ficava comovida.

Uma bela vida foi vivida
Foi uma batalha vencida
E vamos vencer a guerra

Uma batalha travada lá
Tantas que já travamos cá
Em Vila Flor nossa terra!

Graças a Deus meu amor
Não há Inverno sem verão
Nem primavera sem flor
Para alegrar teu coração.

Hoje o astro rei apareceu
Para beijar teu lindo rosto
Como gosto de o beijar eu
Sempre que é do teu gosto.

Anda sorri meu amor sorri
Como este sol sorri para ti
Abre a persiana e a janela

Respira amor este ar puro
O presente e o teu futuro
É o sol que entra por ela!

Se agora faço que faço
Também já fiz o que pude
Quando não ganho dinheiro
Sei que vou ganhar saúde.

Não gosto de estar parado
Se nada tenho que fazer
Pego e faço que trabalho
Nem que seja para entreter

Entretido ou a trabalhar
Não vejo o tempo passar
O sol se põe e vem a lua

E eu continuo na minha
Vem o sono para a caminha
Sol nado a vida continua!

Eu não consigo enumerar
Foram muitos os trabalhos
Que obrigaram a ficar
Os meus cabelos grisalhos.

As amarguras da vida
Duma ou outra ocasião
Amadureceram querida
O teu e o meu coração.

Hoje nada se faz de graça
E ninguém quer que se faça
Mas muito se faz meu amor

Lutar sem saber para quê
Há quem lute e nada vê
Muito que faz é por favor!

Quando era menino e moço
Alegrava-me o cuco a cantar
Com sede bebia água do poço
Para a minha sede saciar.

Cresci e cresceu o meu desejo
Sempre que a sede me vem
Matar a sede com o teu beijo
É a forma que mais me convém.

Agora pelos locais onde ando
Encanta-me o cuco cantando
Neste lindo burgo abençoado

O cuco tardou muito a vir
Mas gora já se está a ouvir
Cantando por todo o lado!

Outrora ele e a rapariga
Ou seja o Manuel e a Maria
Saíram a apanhar espiga
Naquele lindo e santo dia.

À parte ambos levaram
A Maria e o Manuel
Com que se deliciaram
Um delicioso farnel.

A Maria envergonhada
Escondia o que levava
Para o Manuel não ver

À medida que o sol subia
Ela a vergonha perdia
Deu-lhe do farnel a comer!

Um dia quando morrer
Que não seja de solidão
Mas por deixar de bater
No meu peito o coração.

Se fores à minha frente
Na terra eu quero ficar
Só o tempo suficiente
Para a teu lado ter lugar.

Na terra se estão amar
O meu coração e o teu
E mais tarde irão ficar

Os dois juntinhos no céu
Para um do outro zelar
Ou cuidar o meu do teu!

Se fecho a janela à gata
Vem a gata abre a janela
Ela com uma grande lata
Fica a espreitar por ela.

Abro a janela para arejar
A gata não quer saber
O lugar é bom para estar
Com os seus filhos viver.

Não adianta abrir a fresta
Fechá-la é o que me resta
Para ver a gata fora dali

A gata é novinha em folha
Ela diz-me quando me olha
Aqui os meus filhos pari!

Há anos que não via o mar
Nem ondas beijar a areia
Agora para me deliciar
Ouço o cantar da sereia.

Chega-me a voz do mar alto
Montada num barco à vela
Deixa-me em sobressalto
Por me parecer a voz dela.

Quando a voz dela ouvi
Só de a ouvir estremeci
Vê-la a ela quem me dera

Acordei confuso sem saber
Se o sonho que estava a ter
Se era no mar ou na terra!

É bem verdade que o não
Quem nada pede já o tem
É sempre o sim que alguém
Quer, procurando a solução.

A melhor receita para ter
É não ter receio em pedir
Tudo o que quiser conseguir
Sem nunca ter nada a perder.

Mal é não ter pé -de -meia
E esperar que do céu lhe caia
O que precisar sem trabalhar

Sendo assim quem não queria
Sem ter que jogar na lotaria
Vir a sorte grande ganhar?

A ler e a escrever se aprende
E dia após dia passar por elas
Quem à ignorância não se rende
Faz das viagens mais belas.

Viajar se bem informado
Não se vai perder na viagem
Chega ao ponto desejado
Juntando à informação coragem.

Fazer o trabalho a sorrir
E não se deitar a dormir
Dias e anos inteiros na cama

Não andar com a cabeça no ar
Como nos lindos jogos de amar
Sempre acontece a quem ama!

Quem na vida conseguir
Ser no mínimo delicado
Vai ter que na vida subir
Irá ser recompensado.

Já acontecia no passado
E acontece hoje em dia
Vence em qualquer lado
Quem se veste de cortesia.

Um qualquer cumprimento
Acompanhado no momento
De um agradável sorriso

Quem o recebe agradece
Quem o dá não empobrece
Ambos sobem ao paraíso!

É feliz como uma criança
Quando a sério a tomem
Quem aceitar a diferença
Existente noutro homem.

Como não são todos iguais
Cada um com o seu valor
As diferenças abismais
São colmatadas com amor.

Enxergar com o coração
É tolerar diferenças no irmão
E nada de mal o surpreender

Sempre que na vida for preciso
Poder ajudar um amigo
E em qualquer lado o defender!

Se hoje te parecer que o céu
Todo te vai cair em cima
Também o mesmo aconteceu
A alguém que não desanima.

Podes hoje não ver brilhar
O sol, nem ele para ti sorrir
Procura não te preocupar
Melhores dias estão para vir.

Tens que pintá-los da cor
Que na vida mais te agradar
Quem os pinta da cor do amor

Muito melhor vida vai levar
Sem de galho em galho saltar
Como a abelha de flor em flor!

Para alcançares as estrelas
Levanta os teus pés da terra
Repara como elas são belas
Parecem flores da primavera.

Repara que num céu escuro
As estrelas têm mais brilho
Só quem trabalha no duro
Dará o melhor a um filho.

Dar-lhe na vida o melhor
De qualidade superior
Àquela que o pai herdou

Possua mais que o pai tem
É tudo que ao pai convém
Por isso ao mundo o deitou!

Um abraço tem a magia
Que ninguém deve dispensar
Ele traz enorme alegria
É a causa de um bem-estar.

Se dado à noite ao deitar
Prestes a entrar na cama
É um abraço de amar
Se dado a quem se ama.

Um abraço quem diria
Que dado no dia-a-dia
Provoca tanto prazer

Ele não provoca embaraço
Hoje foi o dia do abraço
E vai continuar a ser!

Para melhor alcançar não há
Que dar um sincero elogio
Satisfeito aquele que o dá
Sempre que dado com brio.

Sempre que quiseres trazer
Quem te ajuda contente
O mais que podes fazer
Procura elogiá-lo sempre.

Sincero elogio, a sorrir
Quem o recebe irá subir
Por um instante às nuvens

É comprovada verdade
Tanto em avançada idade
Como verdade é em jovens!

Engole a palavra
Não a deixes sair
Sem antes ouvir
A boca que fala.

Inspira bem fundo
Contando até três
Só mais uma vez
Num só segundo.

O que foi já não é
Nem a falta de fé
Que sentiu alguém

Ganhas em esperar
Para quê desesperar
Se valor não tem?

Coisas mil podem passar
Por minuto na cabeça
Se forem coisas de amar
É bom que tal aconteça.

É mau quando o coração
Manda e a mão obedece
Com uma caneta na mão
Escrever o que apetece

Melhor é poder esperar
E refletir só um segundo
Para não vir a escrevinhar

O que desagrada ao mundo
Ir mais em direção ao fundo
Vendo oportunidades voar!

Cansado de estar cansado
De levar a vida a trabalhar
Para aquele que descansado
Tudo colher sem semear.

O cansaço me vem da ponta
À raiz dos meus cabelos
Sopram-me ventos do contra
Num deserto de camelos.

Ser novamente uma criança
Vestir ventos de mudança
Jogar à bilharda e ao pião

Ouvir os passarinhos cantar
Ver as andorinhas voar
Mais alegra meu coração!

Alcance o sucesso com flexões
Subir como descer faz parte
Do sucesso de multidões
Faça a diferença com arte.

Sucesso é acreditar e persistir
Sucesso é sorrir e não chorar
Sucesso é levantar após cair
Sucesso é por boa causa lutar.

Quem pensar que assim não é
Não se empenha, não tem fé
O importante o leva a brincar.

Sucesso nesta vida é também
No trabalho se sentir bem
E o dever muito a sério o levar!

O que não mata engorda!
Diz quem é bom fumador
Muitos fumam por ser moda
Não se apercebem da dor.

Ela aparece e eles dizem
Não pode ser do cigarro
Só outros se apercebem
Que estão a ficar com catarro.

Sabe-se que um bom fumador
Intoxica um beijo de amor
Mesmo fumando às escondidas

Boca que fuma mal pode sorrir
A que não fuma quer fugir
Da que fuma, às sete partidas!

Hoje está um dia de calor
Há muitos castelos no ar
São castelos do céu amor
Que eu tenho para te dar.

São o prenúncio de chuva
E de ventos de mudança
O que é mau não perdura
Com fé tudo se alcança.

Procura olhar mais além
Diz-me se não vês também
Um lindo arco-íris ao fundo

Vê bem, ele significa aliança
Entre o homem e a criança
Que vive carente no mundo!

Tantas vozes se levantam hoje em dia
Contra as poucas que dizem que não
As primeiras querem uma vida sadia
As segundas querem mais poluição.

Outrora quando nos rios corriam
Águas claras pura bebida do mar
Com alegria os seres vivos a bebiam
Sem receio pois nada havia a recear.

Hoje, o que mais existe é concreto
Metros e quilómetros de chão preto
Poluição de cortar a alma e o coração

Onde chega a inteligência do homem
Tudo faz para que as nuvens chorem
Lágrimas, muitas lágrimas de carvão!

Antes da viajem para e pensa
Vê o melhor caminho a seguir
Nunca te chega recompensa
Se o que fizeres for a fingir.

Nunca faças como aquele
Que fazia que trabalhava
O patrão que confiava nele
Por fim fez que lhe pagava.

Nenhum ficou a ganhar
Ambos ficaram a perder
Quem não fez foi passear

Quem não pagou ficou a ver
Se arranjava para o lugar
Quem mais pudesse render!

Nunca por nada deves deixar
O teu negócio por mãos alheias
Se não o conseguires controlar
Nunca andarás de mãos cheias.

À tua custa vai andar alguém
A encher o saco sem trabalhar
Nunca enriquecerá ninguém
Que passe a vida a confiar.

Confiar sempre desconfiando
Confiar sim de vez em quando
Sempre que haja a certeza

Que se fará a melhor jogada
E que para tal está guardada
A melhor carta que há na mesa!

O negócio que tu montares
Tens que o poder controlar
Quando não, vai pelos ares
Nunca teu, lhe irás chamar.

Repara que muitos o ganham
No local que estão a habitar
E a miúde nos carros montam
Para bem longe o gastar.

Não penses que não importa
Porque o fds tem tanta força
Que mal consegues imaginar

Podes experimentar para ver
O que ao negócio vai acontecer
Quando a altura certa chegar!

Há coisas que eu não sei
E sei que está para nascer
Quem tudo venha a saber
Certeza que nunca verei.

O saber não ocupa lugar
Sabe-o até o analfabeto
Cujas letras do alfabeto
Não consegue decifrar.

Saber contribui de verdade
Para encontrar felicidade
Em tudo que nos rodeia

Feliz daquele que souber
Que é necessário aprender
Para arranjar pé-de-meia!

Toda a força da mente dá-te
A força que o corpo não tem
Querendo o corpo ajudar-te
Tudo na vida te corre bem.

Só uma mente pobrezinha
Que não lhe falte preguiça
E que se faz de coitadinha
E pensa que tudo a enguiça.

Abre a mente faz-te à vida
Não a queiras ver perdida
E deitar as culpas a quem

As não tem, não deve ser
Abre os olhos faz por ver
A culpa não é de ninguém!

Salvo muito raras exceções
São amigos de ocasiões
Quando deles precisamos

Quando eles necessitam
Afastados já não ficam.
Sabem bem onde estamos

Há quem cultive amizades
Quem cultive oportunidades
Quem tenha golpe de vista

Encostado e dizer-se amigo
Muitas vezes avistar consigo
Um ou outro oportunista!

Quando a dor de dentro vem
À flor da pele não se sente
Quem se pica e dor não tem
Qualquer sentir não é gente!

Porque é que só a dor do amor
Àquele que ama interessa?
Por não conhecer outra dor
Que doa ainda mais que essa!

Venha a dor de onde vier
De qualquer lado faz sofrer
Venha ou não do coração

Do coração também vem
A dor de pai ou de mãe
Que quer dar e não tem pão!

Há quem diga que a poesia
É destituída de um saber
O saber está na fantasia
Que dá prazer a quem ler.

Tanta fantasia que há
Nos versos que te escrevo
Para ser verdade não dá
Fazer que seja não devo.

Em terra nas nuvens habito
À tua espera contente fico
Na terra depois de voltar

Se tudo que é fantasia fosse
Não haveria nada mais doce
Que passar a vida a amar!

Senhor, peço-te um favor
Sem que meu amor ouça
Diz-lhe que está uma flor
Pousada no lava louça.

Numa jarra ponha água
E ponha a flor na jarra
Senhor, eu sinto mágoa
Que destes olhos se varra.

A mágoa de que vos falo
Muitas vezes sinto e calo
Mas é verdade, não minto

Sinto mágoa por não ter
E no mundo querer fazer
Pela pobreza o que sinto!

Se há regras para o soneto
Para tudo quanto é poesia
Agora não sei mas prometo
Que virei a saber um dia.

Se das regras impostas vier
Um dia qualquer a gostar
Eu próprio virei a escolher
A que melhor se adaptar

À minha maneira de ser
Até lá quero continuar
Com a que me dá prazer

Depois mais tarde se verá
Se outra mais prazer me dá
Que agora não consigo ver!

Há noites em que por mim
De manhã não me deitava
Com versos fazia um jardim
Até chegar a madrugada.

Depois sem ter que acordar
De manhã bem acordado
Sem ter que me levantar
Comia e ia para o trabalho.

Depois, para o sono espantar
Tudo faria por poder tirar
Um cochicho durante o dia

Nunca andando a conduzir
Para cedo não ter que ir
Habitar o mundo da magia!

Sempre que um soneto nascer
Naqueles momentos sofridos
Música nunca tem que ter
Como querem os entendidos.

Seria bom que todos tivessem
Mas uns terão e outros não
E bom era que todos saíssem
Do fundo de um bom coração.

Está sabido que nem sempre
O coração se junta à mente
Porque ele tem a sua razão

É como a mente também
Que diz ter razão e não tem
Só por lhe dar satisfação!

Há tanto tempo esperada
A terra de seca que estava
Alegre a veio receber

As sementes sequiosas
Floresceram que nem rosas
Uns dias depois de chover.

A terra ganhou nova vida
A que pensava ter perdida
Por não haver humidade

Lágrimas que demoraram
As nuvens as derramaram
Mataram dela a saudade.

Estava a terra sem sangue
O seu coração exangue
De tanto dilatar se abriu

Em pouco tempo já sorria
Lindo sorriso de alegria
Em seu lindo rosto se viu!

Quando tu cantas
Muito me encantas
Oh meu amor!

Teu canto meigo
Um cantado beijo
Me alivia a dor!

Se tu encantas
Sempre que cantas
Para quê parar?

Tua voz melodiosa
Tu bela e formosa
És de encantar!

Um lindo rouxinol
Em dias de sol
Não te iguala!

Tu reparaste
Quando cantaste?
Perdeu a fala!

Camões, se cá viesses a ver isto
No meio de tanto frango encristado
Fugias, não querias saber disto
Partias para bem longe amargurado.

A história desde que foste até agora
Não cabia no mais volumoso lusíadas
Os jovens desta terra vão-se embora
Fogem de cá todos às sete partidas.

Por mares nunca antes navegados
Vinham felizes e os barcos carregados
Sabes que para pouco serviu Camões

Se hoje o teu Portugal está de tanga
Por culpa de um ou de outro manga
Noutro país cortavam-lhe as intenções!

Gosto de andar junto à água
E onde respirar ar puro
Onde afogo a minha mágoa
E onde projeto o futuro.

E não sei como resisto, visto
Não haver mágoa sem dor
Se um dia me separar disto
Que tens tão belo Vila Flor.

Se um dia me separar de ti
Será porque não mereci
Este teu superior encanto

Se um dia me vires partir
Será sem me veres sorrir
Verás no meu rosto pranto!

Deixei de saber quem me lê
Não foi por não querer saber
Mas sim por não poder e crê
Que sabê-lo me dava prazer.

O meu grupo está a aumentar
Sei de alguns e de outros não
A todos desejo aqui saudar
Do fundo do meu coração.

Logo no início os que me liam
Que gostavam todos o diziam
E dizem o mesmo hoje em dia

Mesmo em terras distantes
Estimo saber que há amantes
Do belo e simples em poesia!

Quem vive cantando e rindo
Não chora porque cantando
Vê a vil tristeza sumindo
E a doce alegria voltando.

É como o desejo de amar
Não o de vez em quando
Nunca ele vai terminar
Pelo prazer de estar amando.

Satisfazer um desejo louco
Num simples beijo é pouco
Quem beija uma vez quer mais

A alma, só sente satisfação
Quando um doce coração
Deixa outro coração aos ais!

Que a mulher e a cerveja
Não há nada mais diferente
A cerveja quer-se gelada
A mulher sabe bem quente.

Nunca beber nem comer
Por muito que venha a custar
Se alguma estiver a ferver
Quase a ponto de queimar.

Se uma bem fria se quer
Quer-se a outra a derreter
De amor carinho e paixão

Manusear com cuidado
Que um coração magoado
Não entra em ebulição!

Para amar não há limites
Se, se ama com o coração
Para amar recebe palpites
Quem não tem imaginação.

Com o prazer de te oferecer
Procurei aqui na redondeza
Uma linda rosa para colher
Dar-te o fruto da natureza.

Esta linda rosa que colhi
Neste dia pensando em ti
E no vermelho da paixão

Vi nesta rosa a receita
De todas a mais perfeita
Para alegrar teu coração!

Não há flor mais linda
Como linda é uma rosa
Está para nascer ainda
Flor como ela formosa.

Flor de jardim é assim
Bela e encantadora
Mas a rosa é para mim
De todas a mais sedutora.

Seja vermelha ou amarela
Não importa a cor dela
Ela é linda de qualquer cor

Aos olhos de quem a vê
Se ama em seu coração lê
A palavra escrita amor!

Perfeita é a rosa que ama
Com o fogo da paixão
Com volúpia se na cama
Ais de prazer se no chão.

Se aparece quem ela quer
Que quer não se faz rogada
Porque toda a rosa quer
No jardim ser desfolhada.

Se no jardim tudo encanta
Desde o rouxinol que canta
Ela não deixa de encantar

Nascem na primavera flores
Também nascem os amores
Feitos pombinhos para amar!

O tempo tudo faz
Dai tempo ao tempo
De tudo ele é capaz
Basta ter tempo!

Até os amigos são
Com o tempo feitos
Porque o coração
Não vê defeitos.

Defeitos são flores
Nascidos no jardim
Quando os amores
Ao amor dão fim!

Bem podia dar-te um beijo
Sem ter de ti autorização
Mas nunca foi meu desejo
Machucar teu coração.

Pedra polida e preciosa
É o que é o teu coração
Parece um botão de rosa
Que cabe na minha mão.

Se disser que é gostoso
Acredita que não te minto
É como o vinho generoso
Seja ele branco ou tinto.

Desde o dia em que o provei
Se ausentou de mim a dor
Só de o provar ébrio fiquei
Também louquinho de amor!

Certo é que não recuo
Possa estar longe ou perto
Se estiver convencido
Que estou no caminho certo.

Pode até espinhos haver
Nos caminhos a trilhar
O que importa é percorrer
Os caminhos sem me picar.

Selecionar cada vez mais
Amigos que sejam leais
Que ajudem a avançar

Com crítica construtiva
Toda a que for destrutiva
Por cima dela vou passar!

Outrora se lançou ao mar
Em águas de mares profundos
Noites e dias a navegar
A descobrir novos mundos.

Assim se fez Portugal
No mar em águas salgadas
Que todas tinham afinal
Lágrimas por mães choradas.

Chorava-se quando da partida
Sempre na triste despedida
Dos que partiam e ficavam

O pranto não tirava as dores
Das despedidas de amores
As ondas do mar as levavam!

Sempre que estou a escrever
Permaneço baixinho a cantar
A música que eu entender
Que ao poema se vai adaptar.

Se ao ouvido bem me soa
Fico cheio de contentamento
Se não me soa navega à toa
O meu pobre pensamento.

Já desde há muito tempo
Se me toca ao sentimento
O que de belo te quero dizer

Se nunca te disse não sabes
Que o guardar a sete chaves
Teu coração me dá prazer!

Trilhas caminhos de escolhos
Percorres atalhos tão duros
Como andarão os teus olhos
De trás dos óculos escuros?

Andam tristes com certeza
Depois do que está a passar
A sociedade portuguesa
Que vem teu olhar afetar.

Só quem não sente não chora
Se Deus melhora hora a hora
Vais ter razões para sorrir

Ouve o que dizem os sábios
Veste de sorrisos teus lábios
Melhores dias estão para vir!

Por cá fiquei eu sozinho
Só com o meu computador
Volta para trás o caminho
Não demores a vir amor.

Assim falo mas estou bem
Mas às vezes me dá na telha
De pegar no carro e também
Ir às festas a Linda-a-Velha.

Parece que estou a delirar
Procura não te importar
Com o que estou a escrever

Mas é verdade o que digo
Mortinho por estar contigo
Estou morto para te ver!

Para quê tanta admiração
Não vês que o coração
É a máquina mais perfeita?

Em dias de frio ou calor
Nas veias corre-lhe amor
Até para amar tem receita!

Podem ser novos ou velhos
Seguindo os seus conselhos
Os que o coração lhes der

Vão amar sem condição
Do fundo do seu coração
Sempre que o amor vier!

Para tal mais nada se quer
Seja homem ou mulher
Seja rapaz ou rapariga

Que amem até à exaustão
No inverno e no verão
Para feliz levarem a vida!

O que eu quero não te digo
Não por não te querer dizer
Olho para ti e não consigo
Nem os meus lábios mexer.

Quando olho para ti deixo
Sempre o meu olhar falar
Nada me dás não me queixo
Se não tens não podes dar.

Dizes querer mas não queres
A entender que dás preferes
Finges que queres oferecer

Faltas sempre que prometes
Dizendo que não te esqueces
Do que não te devias esquecer!

Calma!

Calma, ter calma
Nunca é demais
A calma eleva a alma
Evita suspiros e ais.

Se são pronuncio de dor
A calma traz-nos amor
Ao coração e muito mais.

Calma, respira fundo
Enche o peito e o coração
Nunca das bocas do mundo
Se falhas esperes perdão!

Se o sim quer dizer sim
O não quer dizer não
O teu coração para mim
Só tem uma explicação.

A explicação que eu dou
A esse teu jeito de amar
Como ama como amou
A ninguém vou revelar.

Um coração de mulher
Ama como um qualquer
Coração que amar saiba

O receio maior que tenho
A amar aumenta o tamanho
Temo que no peito não caiba!

Se canto o fado
Tenho a certeza
Nada me invade
Nem a tristeza!

Se canto o fado
Para mim baixinho
Se baixo eu canto
Ouço eu sozinho.

E quando alguém
Está a meu lado
Ouve também
O meu triste fado!

Alegria sim
Tristeza não
Não tenha fim
No teu coração.

Andar alegre
É um dever
Para ser leve
O percorrer.

Muita alegria
Dia após dia
É como gosto

Que a tristeza
Não embeleza
Teu lindo rosto!

Se bom homem não existisse
Santos nunca eram tantos
E não havia tanto interesse
Na comemoração dos santos!

Na terra não existem poucos
Existem tantos quantos são
À parte de uns tantos loucos
Sem um pingo de compaixão.

Quem inventou este santo dia
Sabia, à posterior o que fazia
Porque já sabia de antemão

Que quem for homem merece
Assim já ninguém se esquece
De onde está um bom coração!

Se mordo a folha do trevo
Fica-me um sabor intenso
Se não penso o que escrevo
Escrevo aquilo que penso.

Se não sei o que escrever
Escrevo palavras à toa
Formo versos só para ver
Se a composição é boa.

Para soar bem ao ouvido
Sempre que tento consigo
Compor versos a rimar

Para um simples poema
Sei que não vale a pena
Matar a cabeça a pensar!

Não era intenção amortecer
A grande queda que se previa
Mas sim procurar socorrer
Aquela que desamparada ia.

Sei que nada mais podia fazer
Para evitar o grande trambolhão
Que os frágeis braços erguer
Que não suportaram o encontrão.

Força superior à que vinha
Precisava de ter mas não tinha
Assim deu no resultado que deu

Quando fui deitar-lhe a mão
Ambos rolamos pelo duro chão
Até que alguém nos socorreu!

Adeus verão das praias
Verão de São Martinho
Este frio do Himalaias
Já gela o meu corpinho.

Porta aberta a Novembro
Traz água fria no bico
Vem parecido a Dezembro
Anunciando um ano rico.

Dezembro se chove e neva
Para longe a desdita leva
Abunda no campo fartura

Sorri a fauna e toda a flora
Por verem chegada a hora
Do fim de tanta amargura!

Pode a mulher caminhar
De cabelo preto ou branco
O que mais a pode enfeitar
É um sorriso meigo e franco.

E se ao caminhar levar
Em seus lábios um sorriso
Para uma santa no altar
Nada mais será preciso.

O meu cabelo grisalho
Combina com o matizado
Dos teus lindos caracóis

Não queiras aplicar amor
Produtos que causem dor
Sejam ou não aerossóis!

Gostas que te chame querida
Querida sempre te irei chamar
Como és o amor da minha vida
Somente a ti te quero amar.

Tu sabes bem amor, meu bem
Que muitos dos meus carinhos
São para a minha querida mãe
E para a mãe dos meus filhinhos.

Todos os carinhos que cultivar
Todos serão poucos para te dar
Mesmo o dobro dos que recebi

E como sei que muito adoras
De dar e receber lindas rosas
Trago esta, no coração para ti!

Nunca o que a mente sente
O sente tal e qual como é
Quando a mente nos mente
Nem sempre o faz de má-fé.

Qualquer dor quando dói
Dói na mesma proporção
Que a preocupação rói
Dentro de qualquer coração.

Sempre que se sente doer
Sem justa causa se saber
E sem haver causa aparente

Da mente tudo pode surgir
O que não sente diz sentir
Sendo o real bem diferente!

Amor frágil, quando ele é
Ao dar os primeiros passos
Salva-se quando existe fé
Em dar beijos e abraços.

O que é o amor? O amor
Não é flor, não é botão!
É um simples cravo de dor
Cravado num coração!

Após descravado o cravo
Tido no coração cravado
Da dor nada mais resta

Tudo quanto no início era
Quando chega a primavera
Entra o amor em festa!

Quando fazes o necessário
Consegues o que quiseres
Se trabalhares sem horário
Pode ser difícil consegues.

Lembra-te que muitas vezes
Os galões só atrapalham
Se não te desfizeres deles.
Podes crer que tudo atrasam.

Faz por arregaçar as mangas
Segue em frente, se estiveres
No bom caminho não permitas
Que o teu sonho vá pelos ares!

Quando te ouço cantar
Lembras-me os rouxinóis
Só te falta amor plantar
No cabelo caracóis.

Sempre pensei que seria
Como é do meu agrado
O teu cabelo Maria
Nem às madeixas pintado.

Teu cabelo matizado
Em teus lábios um sorriso
Oh meu amor adorado
Nada mais será preciso.

Vem comigo passear
Ao rio ver os peixinhos
Se não quiseres pescar
Dá-me abraços e beijinhos.

Em vez de um beijo dá dois
Só um beijo teu é pouco
Irás ver-me andar depois
Sempre à tua volta, louco.

Teu cabelo matizado
Em teus lábios um sorriso
Oh meu amor adorado
Nada mais será preciso.

Tens o teu cabelo rente
Menos trabalho te dá
Podes achá-lo diferente
Mas é do melhor que há.

O teu cabelo vale ouro
Só por ter um toque fino
Quando nele toco, adoro
E se lhe dou um beijinho.

Teu cabelo matizado
Em teus lábios um sorriso
Oh meu amor adorado
Nada mais será preciso

Vivam as mulheres todas
Com o cabelo matizado
Vivam também aquelas
Que gostarem dele pintado!

Gosto de a ver por cá
Nesta linda festa e só
Cante a menina em lá
Eu acompanho-a em dó.

Se dançar saiba que eu
Dançar consigo, tenho fé
Seu sorriso me convenceu
Não vou fazer marcha à ré.

Levante seu lindo rosto
Que meu olhar para si sorri
Neste lindo luar de Agosto
Vou acompanhá-la em mi.

Com vossos nomes brincava
Quando vos via por lá
Sorria quando os trocava
Teu Dananfer ela Abifá.

Amo-a com tanto prazer
Como à luz do arrebol
Amo-a para melhor dizer
Do nascer ao pôr - do - sol.

Menina quando o sol nasce
Enorme alegria me dá
Dar um beijo na sua face
Quero quando chegar lá.

Dizem que tudo tem fim
Mas eu pelo que senti
Ao vê-la olhar para mim
Aumentou meu amor por si!

Vi uma linda joaninha
Onde nunca a pensei ver
Estava magra coitadinha
Sem pulgões para comer.

É a rainha das hortas
E hortas lá não havia
Já trazia as asas tortas
Por serem de fantasia.

Se fossem asas reais
Ela já não voava mais
Por já não poder voar

No ar não mais se via
Ficava sem alegria
Passava a vida a chorar!

Uma bebedeira de poesia
É fina e não cria ressaca
Quando é pura fantasia
E é só magia com graça.

Que poesia melhor não há
Para a fantasia de Natal
Para aqueles que vivem cá
Ou estão longe de Portugal.

Para aquele que tem muito
Comendo pão com presunto
Chouriça, linguiça e salpicão

Esquecendo quem nada tem
Mesmo não o trazendo vem
Dizendo que o traz no coração!

Minha vida triste
Minha triste sina
Só porque existe
O fado me anima.
Me traz alegria
Por ser gerado
Pela poesia
Meu triste fado.
A linda poesia é
Progenitora do fado
Com carinho amor e fé
Pela poesia foi criado.
Homem e mulher amada
Andam sempre lado a lado
Como a viola e a guitarra
Caminham juntas no fado!

Quis dar de comer a um pato
Que veio tocar o meu coração
Comeu atirou-me com o prato
Depois comeu na minha mão.

Ingénuo como uma criança
Julguei não querer mais nada
Nele depus toda a confiança
No final deu-me uma bicada.

Afastei-me um pouco exangue
Com a minha mão em sangue
Como que um ribeiro a correr

Não abrandou a minha alegria
Antes, fortaleceu naquele dia
E foi correr até ao anoitecer!

O teu segredo
Não será guardado
Se tiveres medo
De ficar calado.

Se o espalhares
Aos sete ventos
Se não o guardares
Voa em momentos.

De boca em boca
De gente louca
Correrá o mundo

Há quem se gabe
Dele, mas não sabe
De onde é oriundo!

Este ar leve
Por ser de neve
Eu gosto tanto

Só falta ver
Ao amanhecer
Um manto branco.

Frio de inverno
Calor de inferno
Já se não sente

Só vento fresco
Com que refresco
A minha mente!

Porque já me habituei
Já não sinto a sensação
Da primeira vez que viajei
Para Inglaterra de avião.

Quem trago no coração
Dá-me força, muita alegria
Melhor suporto a situação
Quando escrevo poesia.

São só duas horas no ar
E menos custam a passar
Se pensar e se escrever

Sei, mais tarde recordarei
Os momentos que passei
Quando o que escrevo ler!

Hoje está um dia lindo
Lindo dia como quem diz
Pois não avisto um palmo
À frente do meu nariz.

Gostava tanto de avistar
Tudo aquilo que desejo
Com nevoeiro a cerrar
O que quero ver não vejo.

Gostava de teus olhos ver
À frente dos meus a brilhar
Para meu coração encher
De prazer e prazer te dar.

Subir ao alto da serra
Gritar e fazer-me ouvir
Dizer que Vila Flor espera
Ver de novo o sol sorrir!

Se fosses como a figueira
Que dá fruto sem dar flor
Tu serias a primeira
A quem chamaria amor.

Amor palavra tão bela
Que ouvia da tua boca
Não largava a janela
Por ti esperava louca.

Louca se for por me ver
Terás a minha garantia
Que eu irei aparecer
Junto à janela Maria.

A janela do meu quarto
Vai ficar semicerrada
Até baterem as quatro
Nela podes dar entrada.

Podes deixar encostada
A porta e o teu portão
Só não quero ver fechada
A porta do teu coração.

Repara bem no meu olhar
Ele mesmo te dirá que sim
Que se abre de par em par
Como teu coração para mim!

Parecias tão frágil mulher
E saíste uma guerreira
Até me custa a acreditar
Que quisesses ir para freira.

Se no convento desse entrada
Não por frágil me sentir
Mas por estar vocacionada
Para os mais fracos servir.

O que eu te quero dizer
Se essa fosse a tua opção
É que eu iria perder
Para sempre o teu coração.

Meu coração não perdeste
Porque Deus assim o quis
Pelo amor que me deste
É que eu me sinto feliz.

Todo o amor que te dei
E o que tenho para te dar
Faz parte do que jurei
Ao teu lado no altar.

O que me estás a dizer
Já foi há um par de anos
Mas quero reconhecer
Que muito mais nos amamos!

Gostava de saber tocar
A viola e a guitarra
Para poder acompanhar
O fado à desgarrada.

A viola é uma paixão
Já mesmo de pequenino
Nunca toquei violão
Nem mesmo o violino.

Se soubesse tocar tocava
Canções à minha amada
Escritas por mim ou não

Junto dum jardim em flor
Cantava versos de amor
Tocando-lhe o coração!

O vinho dá para alegrar
É fonte de inspiração
Basta num copo pegar
Sai uma composição.

Nunca se sente sozinho
Qualquer ser que beber
A água que tem o vinho
Sente-se um outro ser.

Hoje outro ser me sinto
E pouco bebi, não minto
Bebi com conta e medida

Por beber como eu bebi
Nunca tão bem me senti
Sinto-me numa outra vida!

Da próxima vez que eu
Tiver que tomar café
Pelo que me aconteceu
Vou dizer-lhe como é.

Vou tomar descafeinado
Ou então tomar cevada
Para não ficar acordado
Até chegar a madrugada.

Quero a verdade contar
Não vão ficar a pensar
E dizerem que sou tolo

Acontece-me desde novo
Quando tomo café puro
Dá-me voltas ao miolo!

Quando tomo café puro
Ao almoço ou ao jantar
Fico a pensar no futuro
Até à hora de acordar.

Sinto o teu leve ressonar
Do teu lado sem dormir
Tento e volto a tentar
Sem chegar a conseguir.

Do que seria não sei
Já em muita coisa pensei
Só sei que eu não dormi

A causa desta ansiedade
Seria do vinho, da carne
Ou foi do café que bebi?

Se vier a contar um dia
Meu amor quanto te amo
Será numa história curta
A maior história do ano.

E sem ter algum receio
De que me chames tonto
Termino a história a meio
Digo que te amo e pronto.

Amor não se mede à fita
Nem com balança se pesa
Só quem nele acredita
O seu coração entrega.

Se é só por um momento
Que se entrega o coração
Existe no relacionamento
Menos amor mais paixão!

Quem vence o medo
Que tem em excesso
Encontra o segredo
Para ter sucesso.

Muito sucesso vem
Não a quem merece
Muitas vezes a quem
Nada faz e enriquece.

Ter sucesso também
Na vida o devia ter
Todo o ser que tem

No trabalho prazer
E algo faz acontecer
Esse merece bem!

Muita e boa poesia
Ninguém a controla
Vê-se andar à revelia
E o poeta se amola.

Escreve sem saber
Para quem escreve
Por lhe dar prazer
E ficar de alma leve.

Tão leve que um dia
Saltou de alegria
Apanhou asas voou

Andou sobrevoando
Destinos e errando
Nunca mais parou!

Meu grande amigo e companheiro
Das horas de lazer no meu quintal
Às vezes chego eu aqui primeiro
Outras vezes és tu mas não faz mal.

Quando chego e vejo que não estás
Procuro por ti e não te encontro
Tu chegas a seguir sinal me dás
Para a brincadeira estás pronto.

Hoje quis que fosse mais divertida
Procurei pregar-te uma partida
Trouxe a máquina de fotografar

Foi bem divertido este encontro
Andavas de um lado para o outro
A brincar até te cheguei a filmar!

Mais uma vez o amigo pisco
Para comer uma só minhoca
Abriu tanto o pequeno bico
Que mais parecia uma boca.

Porque saiu do esconderijo
Ficou a minhoca indefesa
Um alimento ótimo e vivo
Que levou para a sua mesa.

Não precisa de as procurar
Minhocas, para o seu manjar
Sabe muito bem onde estão

Com olho vivo e pé ligeiro
Minhocas apanha lampeiro
E come proteína à refeição!

Quero fatura descriminada
Do serviço que me prestou
Chegou e deu uma pancada
E o motor logo trabalhou!

Eu nunca lhe irei pagar
Os mil euros que me pediu
Só por uma pancada dar
Diga-me, algum dia se viu?

Meu excelentíssimo senhor
Pela pancada dada no motor
Só um euro lhe vou cobrar

Todo o restante dinheiro
Não desconto nem um euro
É por saber a pancada dar!

Na missa reza por mim
Que eu rezarei por ti
Onde quer que hoje vá
Deus é grande e ouvirá
A minha prece e a tua
Rezo em casa na rua
Acompanhado sozinho
À beira de um caminho
À luz do sol e da lua!

O lindo dia dos namorados
É o dia festejado por quem
Ama, por solteiros e casados
Por quem nobre coração tem.

Quem ama sente no peito
Um sentimento de alegria
Sentimento que eu rejeito
Ser festejado num só dia.

Todos os dias que tem o ano
Sempre que possa eu amo
Faço por todos os dias poder

Ter o meu coração aberto
Ao amor e tê-lo por perto
É o que me dá mais prazer!

Amor, o belo dia dos namorados
Do início ao fim do ano devia ser
Festejado por solteiros e casados
Respeitando o querer da mulher.

Feliz do homem que entende
A linda mulher e o sentimento
Do seu lindo coração e defende
Que seja eterno o casamento.

Existe quem o contrário prefira
Por esse motivo se admira
Dum matrimónio duradouro

Quem em novo a relação mata
Nunca chega às bodas de prata
Muito menos às bodas de ouro!

Podes sentir muita alegria
Em receber uma linda flor
Eu prefiro em qualquer dia
Oferecer-te o meu amor.

Mimar a pessoa amada
É o melhor sei que sim
Crime é colher orvalhada
Uma bela flor no jardim.

Que livre cresça a mulher
Como livre deve crescer
A flor no jardim que encanta

Cortar a flor mais linda
Para a ver triste numa jarra
Dada sem amor não adianta!

Hoje
dediquei-me
a cultivar
sorrisos,
nos
lábios de quem
já se esqueceu
de
sorrir!

Não durmas quando o sono vem
Dorme quando puderes dormir
E nunca te esqueças também
De nunca dormir ao conduzir.

Muitos foram porque o sono veio
E porque não puderam evitar
O sentimento forte e alheio
Que dificulta o bom circular.

Cabeça muito pesada e olhos
Que se recusam a ver e todos
Os sentidos que tem o corpo

Recusam-se a bem funcionar
O melhor que há a fazer é parar
Para não chegar ao lugar morto!

Muitas vezes senti bater
Este meu coração por ti
Por ter medo de te perder
Como muitas vezes senti.

Amor o medo é normal
Acontece a muita gente
É um sentimento natural
Num coração que sente.

O sentimento de outrora
Era o de perder teu amor
Tudo o que sinto agora

É vir a perder teu calor
Tudo o que sinto é dor
Se o amor se for embora!

Todo o sonho que sonhares
Não chega a ser realizado
Se na vida não te cansares
De dizer que estás cansado.

Basta trabalhar com gosto
Na vida ninguém se cansa
Com o suor caído do rosto
Vêm os ventos da mudança.

Só é preciso ter esperança
E um puro sorriso de criança
A enfeitar os lábios e o olhar

Os ventos vindos do norte
Carregam nas asas sorte
E mais prazer em trabalhar!

Já que não tenho mais nada
Que possa fazer nesta tarde
Ouço cantar à desgarrada
Mato do fado a saudade.

É verdade o que me dizes
Também ouvi cantar o fado
Na altura por aprendizes
No meu jardim encantado.

Na rua, embriagado ficava
Sempre que os ouvia cantar
Só porque o fado adorava

Nascido de quadras a rimar
Muitas horas ficava a escutar
Se na rua alguém cantava!

Por seres por mim amada
Quero ver-te sorrir mulher
Quero ver-te deslumbrada
Com o que pode acontecer.

Não estás de mim distante
Vamos esta data comemorar
Levo-te a um restaurante
Ofereço-te o melhor manjar.

Pelos anos juntos vividos
Sempre pelo coração unidos
Como sempre foi dia a dia

Hoje vamos para fora jantar
O prato do dia vai ser dançar
E o de sobremesa alegria!

Se quiseres que te falem
Com meiguice ao coração
Não recebas tu ninguém
Com sete pedras na mão.

Não espero que te abras
Como que um livro aberto
Mas que estimar tu saibas
Quem de ti estiver perto.

E não adianta nada pedir
Sabes que não te vai ouvir
Quem de ti está ausente

Pode numa hora de aflição
Gritar um frágil coração
Ninguém o ouve nem sente!

Minha mãe me deu à luz
Ela e a mãe de Jesus
Cuidaram de mim muito bem

Se minha mãe não podia
Era sempre a virgem Maria
E era o meu pai também.

Com uma mão me davam pão
Com a outra davam educação
Que em pequeno não me faltou

Sempre que de mim cuidavam
Os conselhos que me deram
Fizeram de mim o que sou.

E já com muitos irmãos
Bem podia haver mãos
Para de todos bem cuidar

Por isso o meu padrinho
Teve que ser um santinho
Para toda a família ajudar!

Hoje é o dia do beijo
Logo pela manhã beijei
Sabia melhor que queijo
O beijo que de ti levei.

Continuamos a beijar
Foram muitos bem o sei
Para não os desvirtuar
Queria abraçar-te evitei.

Diariamente é o que faço
Beijo e dou-te um abraço
Porque todos os dias são

De beijar e de te abraçar
E fazer tudo para alegrar
Esse teu doce coração!

Hoje andei de volta delas
Das que pegam pelas pontas
Entre alguns beijos e carícias
Cheguei a chamar-lhes tontas.

Sempre que a foice roçava
Naquele seu formoso corpo
Numa ou noutra me picava
Mesmo já de corpo morto.

Podia vir a ser mais violenta
A sorte linda que vão levar
É preferível que seja lenta

Para ninguém prejudicar
Se uma ou outra arrebenta
Vão deixar de arrebentar!

O meu passarinho!

Eu fiz a casa, o atrevido
Resolveu fazer o ninho
Debaixo do telhado dela.
Um pequeno passarinho
Cujo seu nome não sei
Admirado quando notei
Estar tudo em desordem.
Depressa meteu na ordem
Pequenos pedaços de musgo
Direitinho como um fuso
O musgo não se segurava
Só muito pouco ficava
Naquele pequeno espaço.
Hoje desde a hora do almoço
Das doze às catorze e trinta
Assim mesmo como quem brinca
Fez o ninho, acabou o alvoroço!

Todo o ser que diz amar
Com a cabeça a ferver
E sem amor no coração
Que amor poderá ser?

Não vai conseguir amar
Aquele ser que não tiver
Dentro do seu coração
Pingo de amor para dar!

Sob qualquer condição
Vai sempre poder amar
Quem tiver amor para dar
Dentro do seu coração!

Por esse mundo fora
O mal que mais perdura
É no lugar do coração
Existir uma pedra dura!

Logo desde pequenino
Prepara-te para o futuro
Porque num duro caminho
Só caminha quem for duro!

Já não vejo o passarinho
Não sei que lhe aconteceu
Se está dentro do ninho
Se o passarinho morreu.

Enquanto o ninho fazia
Andava alegre e contente
Findou a minha alegria
Trago o coração doente.

Aquele pequenino ser
Gostava tanto de o ver
A saltitar por todo o lado

Agora não sei onde anda
Não se vê por esta banda
Onde estava habituado!

Sei bem aquilo que faço
Entre um beijo e um abraço
Qual deles devo escolher

Se escolho um beijo teu
Não é um abraço meu
Que levas de mim mulher!

Com um abraço e um beijo
Com eles se mata o desejo
Dum amor duma paixão

Quem de um beijinho carece
Quando o recebe agradece
Um beijo no seu coração!

Sempre que quero escrever
Escrevo depois de pensar
Digo o que te quero dizer
O resto é para imaginar.

Imagina que eu queria
Em teus lindos lábios dar
Mil beijos em poesia
Sei que tu irias gostar.

Sei que gostas de um beijo
Para saciar todo o desejo
Seja em poesia ou não

Há quem o peça em prece
Quando lho dão agradece
Um beijinho no coração!

No mundo da fantasia
Viva sem perder o norte
Quem partilha poesia
Vendo na partilha sorte.

Mesmo que ela pareça
Ser pura superstição
São só coisas da cabeça
Não o são do coração.

Se não sente não aceita
Quando não gosta rejeita
O pensamento paralelo

Bem ao contrário da mente
O coração não pensa, sente
E vibra com o que é belo!

Quem sofre de solidão
Não sabe que o ficar
O dia inteiro a sonhar
Cura as dores do coração.

E não ficar a pensar
No mal que poderá vir
Levar a vida a sorrir
Vai provocar bem-estar.

Sonha, sorri e canta
Que a tua voz encanta
Qualquer alma no mundo

Mais vale na vida cantar
Alegre a vida levar
Que andar meditabundo!

Às vezes por necessidade
Outras vezes por vaidade
O que vinha à rede era peixe.

Passado o fugaz momento
Com o avançar do tempo
Selecionar era mais fixe.

O dia em que não havia
Era o mais cinzento dia
Dele nunca se sente pena.

Em noites de dias risonhos
O que via nos meus sonhos
Era a mais linda morena.

Agora não são as loiras
Tão pouco são as morenas
Como foram no passado.

Mais maduras e mais belas
Não há outras como elas
Com seu cabelo matizado!

Ainda continuam a ter
Formosura hoje em dia
Tenho pena em não poder
Comê-las como as comia.

De as ver formosas e belas
Comia-as sem ter receio
Já pesquisei vi que elas
Por dentro têm recheio.

Recheadas de carne branca
Em muitas delas é tanta
Que não dá para duvidar

Vistosas mas sem valor
O coração mudou de cor
Já não as posso tragar!

O que não veio vai vir
Não te deves importar
Gosto de te ver sorrir
Gosto de te ouvir cantar

Cantar o mal espanta
Já o dizia a minha avó
Todo o sorriso encanta
Todo o pranto mete dó.

Se de dia não dormires
E à noite não ficares
Em frente ao computador

Se apagares a vela acesa
Tu podes ter a certeza
Vais dormir melhor amor!

Para toda a sede saciar
Que sentia de escrever
O que faltava, fui comprar
Mesmo sem falar saber.

Somente, Pen and paper
Eu tinha que lhe pedir
Para poder escrever
Depois do avião subir.

Pouco tempo demorou
A perceber o que queria
Num instante me levou
Bem perto a uma livraria.

Comprei, ao abrir reparo
Que ela não era de bico
Saiu-me caneta de aparo
Com ela contente fico!

Agora, que bem me sabe
Aquilo de que mais gosto
Esta brisa pura e suave
Que vem afagar meu rosto.

O sol acabou de se deitar
Ele aqueceu durante o dia
Mal dava para suportar
Uma tão grande calmaria.

Tudo suspirava pelo verão
Pelo calor e um coração
Predisposto para amar

Agora que o verão chegou
Que ame quem não amou
E passou o inverno a tiritar!

Que idade tem avozinha?
Faz-lhe a conta meu filho:
Estive vinte anos solteira
Sessenta anos casada
Estou há quinze anos viúva!
Linda idade!
E ainda trabalha na meia?
É para passar o tempo!
Enquanto não se lembrarem
de mim!
Quero estar acordada
Quando vierem para me levar!
Façam meias, acordem,
Se não souberem a idade,
Não se preocupem, a partir
Duma certa altura já não
Faz falta!
Falta faz, rir e cantar!

Hoje é um daqueles dias
Em que apetece andar, andar
E depois de estar cansado
Ainda apetece andar.
Andar por qualquer caminho
Andar sempre andar, andar
Sem nunca chegar ao destino
Para não ter que parar
Desde muito pequenino
Gostei sempre, de andar, andar!

Tu sabes o que penso dizer
Quando vejo que me mentes
Se o interesse é não fazer
Não digas o que não sentes.

Não é amanhã nem depois
Nem quando será tu sabes
Mas sabemos bem os dois
Que prometes e não fazes.

Que ganhará quem fingir
Fingindo que muito sente
Sem no entanto sentir
E não admitir que mente?

Má política de quem diz
Que sabe sem nada saber
Nunca devia um aprendiz
Fazer antes de aprender!

Um homem e três cavalos
Três éguas, para bem dizer
Não estavam bem tratados
Razão do seu emagrecer.

Em trinta dias as três éguas
Que mais cavalos pareciam
À erva não deram tréguas
Pois só os ossos se viam.

Para as éguas cama e mesa
Para o homem, só dormida
Um mês passado em beleza
Andaram numa outra vida.

Porque os quatro se sentiam
Muito magros e cansados
Ele queria cama para ele
Cama e mesa, para os cavalos.

Trinta dias se passaram
Muita sorte, eles tiveram
Todos eles se comportaram
Como donos do que não eram!

Toda a vida tem espinhos
Dizem e é bem verdade
Nos caminhos percorridos
Há espinhos da sociedade.

Muitos deles por falsidade
Porque nem todos eles são
Fora os que por maldade
São cravados no coração.

Até o pão a muitos tiram
Depois todos se admiram
De terem a espada ao peito

Por dez réis de mel coado
Como o que diz o ditado
Muitos perdem o respeito!

Vê, este não tem espinhas
Nem nada que se pareça
Às vezes, desce às pernas
Às vezes, sobe à cabeça.

Com conta peso e medida
Com muita moderação
Uma pinga bem bebida
Alegra sempre o coração.

Beber muito não aquece
Nem ao beber se esquece
Quem bebe para esquecer

Esquecendo não bebia
Que havia de chegar o dia
De se esquecer de beber!

Do que em ti gosto mulher
É desse teu corpo franzino
Que eu desde pequenino
Cedo me habituei a ver
E ao toque reconhecer
A tua pele tão delicada
Tão suave e aveludada
Se tocada com os dedos
E a caixinha dos segredos
Abri-la se está fechada!

Durante a vida quem tiver
Pão, queijo e marmelada
E um carinho de mulher
Não precisará mais nada.

O que tiver ao meu alcance
Tudo que ela quiser lhe dou
Sempre que com ela dance
Serei para ela o que eu sou.

Um meigo olhar um sorriso
Da mulher é o que preciso
Para bem no mundo andar

Porque Deus quis e eu quis
Ao juramento que lhe fiz
Por nada eu quero faltar!

Quem carece dum beijinho
De dia à noite ao deitar
E lhe faltar um carinho
Bem nunca poderá andar.

Todo o beijo tem o sabor
Dos dias alegres de verão
Um beijo dado com amor
Alegra qualquer coração.

Por não te cobrir com beijos
Os teus lindos olhos meigos
Estão mortos de desejo

Sempre que um beijo te der
Oh linda e doce mulher
Teu é o sabor do meu beijo!

Não sei de que se alimentam
Quando não têm que comer
O pouco que elas comem
É só para a fome entreter.

Nem homem nem animal
Nunca neste mundo devia
Por ter fome passar mal
Nem viver sem alegria.

Da negra fome Deus livre
O mundo porque mal vive
A linda criança sem pão

Basta só o homem querer
Todo aquele que tem poder
Se tem no peito um coração!

Sem que exista razão
O meu coração e o teu
Já andam sem dar a mão
Não sei o que aconteceu.

O que existiu não faleceu
Nem razão para tal havia
Melhor que tudo fortaleceu
Dias antes ninguém diria.

Após obstáculos vencidos
Dois corações mais unidos
Nasce uma nova criança

Na vida tudo é possível
O que parecia impossível
Acalentou nova esperança!

Ninguém chega a emagrecer
Se confundir sede com fome
Engorda sempre que come
Quem precisar de beber.

Se anda um bichinho a roer
É fome que o bicho sente
Pega e come de repente
O que encontra para comer.

E bastava beber um copo
De água pura que o corpo
Tomava renovada energia

Mas porque a fome é louca
Quando pede pão para a boca
Não vê, que a água pura sacia!

Pescoço que usa gravata
Raramente usa calções
Usar gravata não mata
Matam certas intenções.

A gravata é feita de pano
Que não faz mal a ninguém
O pescoço é que é profano
Com as ideias que tem.

Uma mente suja, poluída
É igual a roubar a vida
É subtrair à boca o pão

De quem quer e não come
Dias inteiros com fome
Sobra mágoa no coração!

Se soubesses o que se passa
Quando lhe passas à frente
Mesmo roendo-te a casaca
Passavas constantemente.

Se o que se passa na mente
Adivinhasses quando passas
Voltarias a passar sorridente
Ou a passar não voltavas.

Com passo lento ou a correr
Quando passas, fica a sofrer
Qualquer coração partido

Mesmo que ele não parta
Ao ver-te passar tão farta
De certeza que fica ferido!

Passar é o que faz muita gente
Mas nem toda a gente é louca
Para andar com um ferro quente
A massacrar toda a roupa.

Se for para lavar a louça
Muita gente se pode recrutar
Porque toda a gente é pouca
E a louça quer-se a brilhar.

Passar roupa não tem graça
Quando toda a roupa se passa
Em vez da que é mais chique

Para quê por o ferro em brasa
Na roupa para andar em casa
Ou levar para um piquenique?

Para os problemas dos outros
Encontramos sempre solução
Solucionar problemas nossos
É que faz tremer o coração.

Faltando solução no momento
Ou se ela existir for escassa
Há quem dê tempo ao tempo
Que com tempo tudo passa.

O tempo soluciona as dores
Sentidas de mal de amores
Do doce coração e da mente

A solução para bem andar
Basta conseguir plantar
No coração boa semente!

Existe o errado e o certo
O que se deve fazer e não
Quem na vida for esperto
Apanha sempre o ladrão.

Seja homem ou mulher
O ladrão que vai à horta
Leva tudo quanto quer
Sai e não fecha a porta.

Nem encostada a deixa
O dono como se queixa
Terá que a porta fechar

Se a porta deixa aberta
É porque a pressa aperta
Ele não pode demorar!

A vida seria mais bela
Toda ela seria mais doce
Se o meu dever comprido
Se ele bem cumprido fosse.

É grande o meu dever
Grande a minha obrigação
De na vida te dar prazer
Zelar pelo teu coração

Antes como me aparecia
É como o vejo hoje em dia
É um diamante a brilhar

Manuseio-o com cuidado
Para não o ver quebrado
E meu coração não chorar!

4285

Olhei para o seu interior
Li o seu belo pensamento
Vi, que alegria vida e cor
Lhe aliviam o sofrimento.

Sempre ao ver que vinham
Uns e outros visitá-la
Matar saudades que tinham
Todo o seu olhar brilhava.

E lá se foi habituando
Aos poucos foi deixando
A vida que antes levava

Logo ao romper da aurora
Ela erguia-se sem demora
Para uma vida agitada!

Nem só nos jardins há flores
Até junto ao mar aparecem
Rosadas e de lindas cores
Muitas de amores padecem.

De pé baixo ou de pé alto
Está certa qualquer altura
Flores na praia em Agosto
Como vespas de cintura.

São como a fruta madura
Sejam de que cor, as rosas
Quando têm mais doçura

É quando são mais gostosas
Elas precisam ser vistosas
E terem um ar de candura!

Ela, uma linda princesa
Das mais lindas que há
Com a maior delicadeza
Dança e salta no sofá.

Ele, Super-homem como é
Com a sua capa a voar
Gosta muito de dar ao pé
Com a princesa a dançar.

Avô, não podes dormir
Tens que ir a conduzir
Diz a sorrir a princesa

Ele que é mais crescido
Põe nos lábios um sorriso
Não durmo, tem a certeza!

Entupidas
Andam as veias
E as estúpidas
Não se queixam
Nem deixam
O sangue passar
Entopem sem avisar.
Para as desentupir
E evitar cedo ir
O melhor é caminhar!

Toma meu amor é para ti
Acabei agora de lhe cortar
Todos os espinhos e resolvi
Este brilhante ramo te dar.

Foi impulso de momento
Recebe-o de mim por favor
Levam um puro sentimento
Estas rosas de linda cor.

Não é o vermelho da paixão
Mas, vão tocar-te o coração
Por ser um lindo rosa vivo

Digo, por me causar prazer
O momento de as oferecer
Transporta-me ao paraíso!

À mulher é preciso dar
Carinho para andar bem
Dar carinho a dobrar
À que está para ser mãe.

Merece ser acarinhada
Até ao ponto de exaustão
Toda a mulher gerada
Duma costela de Adão.

Quem carrega uma vida
Merece logo à partida
Toda atenção do mundo

Metade por ser mulher
A outra por gerar um ser
Fruto de amor profundo!

Hoje, muito atarefado andei
Cheguei a casa quase morto
Com o que fiz pouco lucrei
Mas exercitei meu corpo.

Se para o ginásio tivesse ido
Para ginástica praticar
Ficava com o corpo dorido
E ainda tinha que pagar.

Foi muita a sorte que tive
Fiz ginástica ao ar livre
E tratei da minha saúde

Podia fazer mais um pouco
Mas não sou assim tão louco
Só fiz aquilo que pude!

Tinha um amigo a valer
Não sei que ar lhe deu
Vi pelo que aconteceu
Que tinha fome de poder.

O meu amigo de há muito
Repleto de habilidades
Todo ele era amabilidades
Se via pão com presunto.

Elogiava o vinho vinagre
Hoje ele anda muito agre
Por já ter o que queria

Canta de galo no poleiro
Mesmo no galho primeiro
Já há muito a ele se fazia!

9 789729 761515